AF220232

Mit
Gott
leben

Schritt für Schritt
Tag für Tag

Ein Erfahrungsweg

Bibliografische Information der Deutschen Nationalbibliothek:
Die Deutsche Nationalbibliothek verzeichnet diese Publikation
in der Deutschen Nationalbibliografie; detaillierte bibliografische Daten sind im Internet über http://dnb.dnb.de abrufbar.

Herstellung und Verlag: BoD – Books on Demand, Norderstedt

ISBN: 978-3-7562-0499-1

Inhaltsverzeichnis

Friede sei mit dir

ICH bin in die Welt gekommen, um dir Leben und Frieden zu bringen. ICH BIN das Leben. ICH wünsche dir den Frieden, den nur ICH dir geben kann. Der Friede, den die Welt dir gibt, ist ein Friede, welcher die Umstände verändern will. In diesem Sinne wird Frieden so verstanden: Wenn die äußeren Dinge gut sind, dann ist es auch in dir gut und friedvoll. So die Welt. ICH biete dir einen anderen Frieden an. MEIN Friede wird so erlebt: Egal, wie die Umstände sind und egal, wie hoch die Wellen auch schlagen, du erlebst einen inneren Frieden, weil du mit MIR lebst, Schritt für Schritt und Tag für Tag.

Lass dich nicht dadurch irritieren, dass ICH mittels eines Autors mit dir in Kontakt trete. Seine Eltern haben ihn Martin Michael genannt. Miss ihm nicht zu viel Bedeutung bei. Das Entscheidende ist, dass ICH in diesem Autor lebe und aus ihm heraus eine Botschaft an dich sende. Das ist die eine Seite. Die andere Seite ist, dass ICH auch in deinem Herzen wohne. Und die Worte, die ich durch den Autor mittels dieses Buches sende, treffen auf MICH SELBST in dir. Soll heißen: Du wirst merken, wo ICH dich anspreche, und du wirst auch merken, wo die Gedanken des Autors in den Vordergrund treten. Und im Grunde erlebst du das ja auch so in jeder Predigt, wo du MEINE Stimme durch die Worte des Predigers wahrnimmst, weil diese Worte auf MICH in dir treffen.

Weißt du, was ICH MIR wünsche? ICH kenne natürlich deine Antwort auf diese Frage mehr, als du sie selbst kennst. Ich stelle dir trotzdem diese Frage, weil ICH MIR wünsche, dass du dieser Frage nachspürst und dich fragst, was MEINE Herzenswünsche sind. So läuft das in einer Beziehung. Man nimmt Anteil aneinander. Und damit sind wir beim Kernthema und MEINEM Herzenswunsch für dich. ICH wünsche mir, dass du lernst in Beziehung mit MIR zu leben. Und im Grunde tust du das ja bereits. Du kennst mich schon eine ganze Zeit lang. Ja, du lebst mit MIR. Und während UNSERER Beziehung sind Fragen bei dir aufgetreten, Fragen, die du MIR gestellt hast und auf die ICH dir keine Antworten gegeben habe. An der ein oder anderen Stelle werden Zweifel in dir wach, Zweifel, ob es MICH überhaupt wirklich gibt. ICH verrate dir eins: ICH entziehe MICH aller Beweisbarkeit. Das bedeutet, es wird bis zu dem Tag, an dem ICH sichtbar wiederkommen werde, keine Möglichkeit geben, MEINE Existenz zu beweisen. Und es wird auch nicht die Möglichkeit geben, meine Nichtexistenz zu beweisen. Ob es MICH tatsächlich gibt oder nicht, ist nicht vom Glauben der Menschen abhängig. Nur wenn es darum geht, ob ICH in deinem Lebensvollzug eine aktive Rolle spielen darf, nur da spielt DEIN Glaube eine Rolle. ICH verrate dir noch etwas: Ja, ICH bin nicht beweisbar, aber ICH BIN ERLEBBAR.

Und so lade ICH dich ein, mit MIR einen Erfahrungsweg zu gehen. Folge MIR nach und du wirst erleben, wie ICH IN DIR diese geschriebenen Worte in deinem Herzen lebendig mache.

Wer WIR, der EINE Gott, sind

ICH rede stellvertretend für UNS. UNS, das sind Gott, mein Vater, Gott, mein Geist, und ICH, Gott der Sohn. Ihr Menschen gebraucht, um diese Wirklichkeit UNSERER Existenz zu beschreiben, z. B. das Wort Trinität.

WIR, das sind EIN Gott. Im Grunde ist das für euch Menschen nicht zu verstehen und WIR sind für euch ein spannendes Geheimnis, welches entdeckt und erlebt und weniger verstanden werden will. WIR sind für euch so unerforschlich, wie für eine Ameise der Mount Everest, oder besser noch, der Marianengraben in den Tiefen des Meeres.

Einen kleinen optischen Eindruck erhältst du von UNS im Regenbogen, welchen WIR geschaffen und als Symbol UNSERER Treue erwählt haben. DREI Farben, welche ihr Menschen als Grundfarben entdeckt und bezeichnet habt, geben EINE Herrlichkeit an Pracht und Vielfalt wieder. WIR sind Vielfalt in Einheit, wie das helle Licht, welches sich durch ein Prisma in seiner farblichen Vielfalt offenbart. Oder ein akustischer Eindruck aus der menschlichen

Musik: EIN Akkord besteht aus DREI Tönen, welche EINEN wunderbaren Einklang bilden.

WIR sind EIN Gott, das haben mein Vater, mein Geist und ICH gemeinsam.

Was UNS allen noch gemeinsam ist: UNS gab es schon immer und UNS wird es IMMER geben. Auch dich gab es im Grunde schon immer. WIR trugen dich in UNSEREN Gedanken und unseren Herzen. Rein stofflich gibt es dich erst, seit deine Eltern in eine besondere Verbindung zueinander traten. Und irgendwann entwickeltest du dann das Bewusstsein, dass du bist. Und in dieser Bewusstheit deines Seins wird es dich nun IMMER geben, egal ob in dieser gegenwärtigen oder der kommenden neuen Welt.

WIR sind Macht und WIR sind Liebe. UNSERE Macht zeigt sich in allem Geschaffenen, welches die sichtbare und stoffliche Menschenwelt und die für euch Menschen unsichtbare nichtstoffliche Engelswelt umfasst. Und UNSERE Liebe für die gesamte Schöpfung, jeden einzelnen Menschen und auch für dich ist grenzenlos. Verwechsle bitte nicht Freiheit mit Lieblosigkeit. Dass WIR vieles in der Welt laufenlassen, wie es läuft, ist kein Desinteresse. Es ist ein Aspekt der Liebe, dem anderen die Freiheit zu geben, sich zu entfalten. Und so geben wir der Menschheit die Möglichkeit, sich zu entfalten, mit allen dazugehörigen Konsequenzen. Und glaub MIR, von den allermeisten Situationen, wo WIR eingreifen, bekommst du gar nichts mit.

WIR sind Liebe. WIR leben Liebe.

Und WIR leben Beziehung. WIR SIND in UNS SELBST Beziehung. WIR sind EIN Gott. ICH spreche von meinem Vater und meinem Geist. Der Geist ist die göttliche Verbindung, welche zwischen meinem Vater und mir besteht.

Da WIR Beziehung SIND, ist es UNSER Anliegen, auch mit dir Beziehung zu leben. Nun ist die Herausforderung von deiner Seite aus, dass du UNS nicht sehen, hören, riechen, fühlen oder schmecken kannst. Das ist eine Tatsache und diese Tatsache reicht für viele aus, UNS in das Land der Mythen und Legenden zu verdammen. Das halten WIR gut aus. Tatsache ist auch, dass WIR deine Sinnesorgane nicht dazu geschaffen haben, um UNS wahrzunehmen. Deine Sinneswahrnehmung dient deiner Orientierung in der materiellen Welt. Um in die geistliche Welt einzudringen und sich dort zu orientieren, haben WIR dir die Fähigkeit des Glaubens geschenkt. Aber alles hübsch der Reihe nach.

Ein gelüftetes Geheimnis

WIR – das sind MEIN Vater, MEIN Geist und ICH – sind für euch Menschen ein unerforschliches Geheimnis. Ihr könnt uns so wenig ergründen, wie eine Ameise den Mount Everest erklimmen, geschweige denn allumfassend erforschen kann. Dieser gigantische Berg, den ihr mit eurer definierten Maßeinheit mit fast 9.000 Meter Höhe messt, ist zu groß für die kleine Ameise. Und ihr könnt UNS so wenig erreichen, wie eine Ameise den fast 12.000 Meter tiefen Marianengraben hinabtauchen kann. Wenn also Interesse UNSERERSEITS an einer Beziehung besteht, muss die Aktion von UNS ausgehen. Du kannst nur in Reaktion zu MIR treten. Und so machte ICH mich auf den Weg, kam aus der unsichtbaren Ewigkeit hinein in die sichtbare Dimension der Zeit, um eine Beziehung zu dir herzustellen.

Für MICH war es eine spannende Erfahrung, das Menschsein nicht nur erschaffen, sondern auch praktisch erlebt zu haben. Damit, dass ICH in das Menschsein eintauchte, verfolgte

ICH zwei Herzensanliegen. Zum einen wollte ICH euch Menschen den unsichtbaren und unbegreiflichen Gott sichtbar vor Augen stellen und begreiflich machen. Durch MEINE Lebenshaltung und MEIN Verhalten kannst du meinen wunderbaren Vater kennenlernen. Zum anderen wollte ICH zeigen, wie man als Mensch Menschsein lebt, so wie WIR es uns erdacht haben. Von UNSEREN Vorstellungen sind die ersten Menschen abgerückt und die Menschheit wurde infolgedessen verrückt. Und so kam ICH, um diesen Zustand zurechtzurücken. ICH wurde eine Ameise, die fähig war, den Mount Everest zu besteigen. Ich wurde eine Ameise, die fähig war, in den Marianengraben hinabzutauchen. Nicht weil ICH Gott war – obwohl ICH Gott war –, konnte ICH all die Wunder tun, die ICH tat. ICH konnte sie tun, weil ICH in der Verbindung mit MEINEM Gott lebte, wie WIR sie UNS für die Menschen erdacht haben. Als ICH als Mensch das Menschsein lebte, war ICH erfüllt mit dem Heiligen Geist, und auf diese Weise war ICH mit Gott verbunden. Als Mensch lebte ICH weiterhin in der Beziehung mit MEINEM Vater. Doch es gab diesen einen

Moment, als die Beziehung, die WIR als Gott haben, zerbrach, nämlich als ICH am Kreuz hing. MEIN Vater verließ MICH und ICH war allein. ICH war bereit, die Beziehung mit MEINEM Vater aufzugeben, um eine Beziehung mit dir eingehen zu können. MEIN Vater war bereit, MICH loszulassen, um dich ergreifen zu können. Einen größeren Liebesbeweis können WIR dir nicht geben. Und dass der Tod MICH nicht halten konnte, ist der größte Machtbeweis, den ICH erbringen kann.

Am Kreuz traf mich Gottes Zorn und dieser ereignet sich vor allem in einer Hinsicht: Gott zieht sich zurück und überlässt den Menschen sich selbst und seinem eigenen Willen.

Das Problem des Menschen

Die größte Strafe ist es, wenn WIR den Menschen sich selbst überlassen, wenn WIR, der Schöpfer, UNSEREM Geschöpf erlauben, getrennt von UNS zu leben. Wer sich im Diesseits, in der Dimension der Zeit, entscheidet, getrennt von UNS zu leben, der darf auch im Jenseits, in der Dimension der Ewigkeit, getrennt von uns bleiben und wird nicht gezwungen, in Beziehung zu uns zu treten. Diesen finalen und endgültigen Zustand, dieses selbst gewählte Elend, habe ich Johannes als Feuersee gezeigt. Dort darf der Mensch getrennt von UNS bleiben und muss nicht mit UNS zusammen sein.

Die Strafe der Trennung ist das, was ICH auf MICH genommen habe, damit du nie mehr von MIR getrennt sein musst.

Das erste Menschenpaar lebte in vollkommener Beziehung mit UNS. Doch Beziehung, wie WIR sie uns vorstellen, basiert auf Freiwilligkeit und Unterordnung. Und so gaben wir den ersten Menschen die Möglichkeit einer Entscheidung, mit oder ohne UNS zu leben. Zusätzlich zu dieser Entscheidungsmöglichkeit machten WIR es dem Menschen noch schwerer und ließen einen Verführer zu, der sie zu einer Entscheidung gegen uns anstacheln sollte. Ja, WIR wussten vorher, dass der Mensch sich nach einer gewissen Zeit verführen lassen und sich gegen UNS entscheiden wird. Wie lange Adam und Eva im Garten Eden waren und alles WIE und WARUM, das dich in diesem Zusammenhang quält, können wir besprechen, wenn wir genügend Ewigkeit in MEINER Neuen Welt zur Verfügung haben werden. Dann wirst du im Rückblick VERSTEHEN. Jetzt aber lade ICH dich zu einem ein, und zwar MIR zu VERTRAUEN. ICH bin DER, DER versteht und alles weiß und immer die Kontrolle und den Überblick hat. MIR freiwillig zu vertrauen und sich MIR unterzuordnen bedeutet, die Verantwortung bei MIR zu lassen. Adam und Eva nahmen die Verantwortung selbst in die Hand. Und WIR überließen sie den Konsequenzen ihrer Entscheidung. WIR hatten ihnen unmissverständlich zu verstehen gegeben, dass sie eine Lebensqualität erwartet, die WIR nur als tot bezeichnen können, wenn sie sich von UNS trennen würden. Und sie wählten den Tod statt das Leben.

Ihr Menschen vollbringt großartige und erstaunliche Dinge in euren Augen. Ihr fliegt bis zum Mond, habt damit aber nur einen nicht nennenswerten Bereich des Universums erobert. Im Grunde seid ihr wie eine Ameise, die immer noch vor dem Mount Everest steht. Unter MEINER Herrschaft hättet ihr Techniken kennengelernt, die euer jetziges Denken unermesslich weit übersteigen. Unter MEINER Führung hättet ihr die Möglichkeit gehabt, das Universum zu erobern, ohne euren Lebensraum dabei zu zerstören. ICH hätte euch gezeigt und gelehrt, wie ihr euer wahres Potenzial entfaltet, ohne die Natur auszubeuten, sondern im Einklang mit ihr zu leben. Nun, in MEINER Neuen Welt, werden wir das gemeinsam erneut angehen.

Adam und Eva lebten in Beziehung mit UNS und entschieden sich für die Trennung. Sie entschieden sich gegen UNS. Seitdem leben all ihre Nachkommen getrennt von UNS und dürfen sich aus dem getrennten Zustand für eine Verbindung mit UNS entscheiden.

Dass die Trennung von UNS eine grausame Lebensqualität darstellt, das wollten WIR zum einen durch MEINEN Tod am Kreuz und zum anderen durch die Beschreibung des Feuersees zum Ausdruck bringen.

Wie Beziehung mit UNS gelebt wird, legen wir fest. Wenn Menschen das festlegen, entsteht statische Religion, die, so gut sie auch gemeint sein mag, irgendwann erstarren muss. WIR wollen dynamische Beziehung mit dir leben und keine religiösen Handlungen aufdrücken und erzwingen. Der Grundsatz der Freiwilligkeit und Unterordnung gilt heute wie damals und für alle Ewigkeit. Auch dir stellen WIR es frei, in einer Beziehung mit UNS zu leben. WIR haben ein JA zu dir. Und dieses JA hast du mit deinem JA zu UNS beantwortet. Wir sind auf einen Nenner gekommen und sind nun auf einem gemeinsamen Weg unterwegs. Dieser gemeinsame Weg mündet in das Neue Jerusalem. Das ist der Ort in UNSERER Neuen Welt, wo WIR unsere Beziehung in einer neuen Qualität

genießen werden. Alle Folgen und Nebenwir-
kungen dessen, was durch Adam und Eva in
Gang gesetzt wurde, wird dann keine Rolle
mehr spielen.

Wie WIR mit dem Menschen in Beziehung treten

Im Grunde gibt es zwei Arten, wie WIR mit dem Menschen in Beziehung treten. Es gibt eine nachvollziehbare Art, die verstanden werden kann, und eine geheimnisvolle Art, die entdeckt werden will.

Beginnen wir doch mit der nachvollziehbaren Art. Hierbei handelt es sich darum, dass WIR BEIM Menschen sind. Adam und Eva konnten UNS sichtbar und hörbar erleben und in unmittelbare Interaktion mit uns treten. Nachdem sie sich von UNS trennten, nahm die Beziehungsqualität ab. WIR waren zwar noch BEIM Menschen, aber wir erschienen nur noch punktuell sichtbar und hörbar und nur vereinzelte Personen ließen WIR in Interaktion mit UNS treten. WIR führten ein neues Prinzip ein, und zwar das Prinzip des Glaubens. Im Grunde war das Prinzip aber gar nicht so neu. Schon im Garten Eden hatte es für Adam und Eva eine entscheidende Rolle gespielt. Denn sie entschieden sich, Satan mehr zu glauben, als UNS Glauben zu schenken. Sie glaubten seiner Lüge, dass sie nicht sterben werden, wenn sie die Frucht essen. Sie glaubten dieser Lüge mehr als UNSERER Wahrheit, nämlich dass sie sterben werden, wenn sie die Frucht essen. Sie schlugen UNSER eigentliches Angebot aus: DAS LEBEN.

Auch wenn wir dem Menschen nicht mehr so offensichtlich erschienen, waren wir BEI IHM und wollten Beziehung mit ihm leben. Als Anschauungsbild betrachte nur einmal UNSERE Geschichte mit dem Volk Israel. Hier nutzten WIR verschiedene Gestaltungsmöglichkeiten und bedienten uns vieler Vermittler. Die Priesterschaft, die WIR ins Leben riefen, vertrat als Vermittler den Menschen vor UNS. Die Propheten, die wir beriefen, vertraten als Vermittler UNS vor den Menschen. Auf das menschliche Bedürfnis nach einem König ließen WIR UNS ein. Und so wurden die Könige Vermittler UNSERER Herrschaft, anstatt dass WIR unmittelbar über das Volk und jeden Einzelnen herrschten.

Im Grunde holten WIR den Menschen in seinem tief verwurzelten Bedürfnis nach Religiosität ab. Der Mensch braucht etwas vor Augen und er braucht etwas zum Anfassen und zum

Tun. All das gibt ihm das Gefühl, die Kontrolle zu haben und zu behalten. Kontrolle ist nicht die Art von Beziehung, die WIR uns vorstellen, aber es ist auch nicht unsere Art, unsere Beziehungsvorstellungen aufzuzwängen. Und so holten WIR den Menschen dort ab, wo er steht, um ihn dahin zu führen, wo WIR ihn gern haben möchten, weil es dem Menschen guttut.

Eine ganz besondere Art, BEIM Menschen zu sein, ereignete sich, als ICH MICH entschied, das Menschsein anzunehmen. ICH wurde eine Ameise unter Ameisen. So wurde ICH selbst Prophet, Priester, und als König bot ich meine Herrschaft an. ICH war der CHRISTUS. Die maßgeblichen Religionsführer dieser Zeit entschieden sich gegen MICH. Und Vertreter der politischen und militärischen Weltherrschaft verurteilten MICH zum Tod. So wurde ICH nicht nur Priester, sondern auch Opferlamm. All das war kein Zufall und auch kein Unfall, sondern planvolles göttliches Vorgehen. Mit dem, was sich damals ereignete, hielten WIR den Menschen einen Spiegel vor, sodass der Mensch erkennen kann, dass er UNS im Grunde nicht will, weil er sein eigener Gott sein will.

Das ist schmerzhaft, sich das einzugestehen, aber es ist die Wahrheit. Diese Wahrheit wird am Ende der Zeit ans Licht kommen. Die Menschen werden so besessen davon sein, UNS loszuwerden, dass sie Antichristus wählen werden. Mit ihm werden sie gegen UNS in den Krieg ziehen. Das Geschöpf will seinen Schöpfer erschlagen und damit das Leben töten. Am Ende der Zeit wird sich zeigen, wer sich entscheidet, den Herrscherstab in seinen Händen zu behalten, oder wer sich entscheidet, ihn UNS zu übergeben, und sich freiwillig unterordnet.

Der herrliche Ausblick ist, dass in UNSERER Neuen Welt wieder die Beziehungsqualität wie im Garten Eden gelebt wird. WIR werden uns unmittelbar und interaktiv begegnen.

Die nachvollziehbare Art, wie WIR mit dem Menschen in Beziehung treten, können wir kurz zusammenfassen: WIR sind BEI dir. Und dieses Wort gilt. Nirgends haben WIR dir ein bequemes, erfolgreiches und problemfreies Leben und immerwährende attraktive Lebensumstände versprochen. Aber ICH habe dir versprochen, und daran halte ICH MICH, in allen Umständen immer BEI dir zu sein.

Die nächste Art, wie WIR mit dem Menschen in Beziehung treten, ist etwas Geheimnisvolles, welches weniger mit dem Kopf verstanden, als vielmehr mit dem Herzen erlebt werden will. Es geht darum, dass WIR nicht nur BEI, sondern vor allem auch IN dir sein wollen. Aber darauf kommen wir später noch genauer zu sprechen. Jetzt wenden wir uns der Wirklichkeit zu, dass ICH in unsichtbarer Weise immer BEI dir bin, bis ICH sichtbar wiederkommen werde.

ICH bin BEI dir

Du siehst MICH nicht und doch bin ICH bei dir.
Du hörst MICH nicht und doch bin ICH bei dir.
Du riechst MICH nicht und doch bin ICH bei dir.
Du schmeckst MICH nicht und doch bin ICH bei dir.
Du fühlst MICH nicht und doch bin ICH bei dir.
Du glaubst nicht an MICH und doch bin ICH bei dir.

WIR haben dich mit Sinnesorganen erschaffen und ausgestattet, damit du dich mit ihnen in deiner Umwelt zurechtfinden kannst. Sie spielen bei deinen Menschenbeziehungen von Anfang an eine wichtige Rolle. Mit deinen Sinnesorganen erlebst du deine Umwelt. Eines der ganzheitlichsten Erlebnisse ist die Sexualität. Hier bist du mit deinen ganzen Sinnen in höchstem Maß beteiligt.

Bei deiner Gottesbeziehung zu MIR gibt es ein anderes Organ, welches WIR dir geschenkt haben und das dir dazu dient, MICH zu erleben. Dein Glaube. Nun ist MEINE Existenz nicht davon abhängig, ob du MICH für wahr hältst oder nicht. Diese Art von Glauben schafft lediglich das Vorzeichen, wie du die wahrgenommene Umwelt deutest. Wenn du glaubst, dass es MICH NICHT gibt, wirst du nach anderen Erklärungen für die Existenz der dich umgebenden Welt suchen. Oder du wirst alles tun, um den Sinnfragen, die in dir leben und sich regen, auszuweichen, oder du bist bemüht, sie mit allen Mitteln zum Schweigen zu bringen. Wenn du aber glaubst, DASS es MICH gibt, wirst du beginnen, deine wahrgenommene Umwelt als Kreation zu deuten. Lass uns nicht darüber debattieren, WIE WIR die Engelswelt und Menschenwelt im Detail erschaffen haben. Einigen wir uns doch einfach darauf, DASS WIR sie geschaffen haben und sie nun existieren, wie sie existieren.

WIR sind dein Schöpfer, du bist UNSER Geschöpf und du lebst innerhalb UNSERER Schöpfung. Schön, dass du da bist. WIR wollten das so!

WIR haben in dich das Bedürfnis hineingelegt, eine Antwort auf die Frage nach dem Sinn deines Daseins zu finden. Im Grunde ist das nichts anderes als die Sehnsucht nach UNS. Es ist das Bedürfnis, mit MIR in Beziehung zu treten, und dieses Bedürfnis wird erst gestillt, wenn du mit MIR in Beziehung getreten bist.

Du stellst dir die Frage, warum es dich gibt. Manchmal ist die Frage bewusst wahrnehmbar, laut und präsent meldet sie sich zu Wort. Manchmal ist die Frage nicht wahrzunehmen, ganz leise und subtil klingt sie unterbewusst in deinem Herzen. Aber die Frage ist da und das so lange, bis du eine zufriedenstellende Antwort gefunden hast. Und während du auf der Suche nach der Antwort bist, entsteht die neue Frage, wie die Welt und das Universum entstanden sind. Nun hast du verschiedene Möglichkeiten, dich einer Antwort zu nähern. Zum einen kannst du die Dinge vom Ursprung her betrachten. Hier haben WIR dir einen kleinen Einblick durch den Schöpfungsbericht gegeben. Das ist Ausdruck UNSERER Wertschätzung. WIR setzten das Geschöpf nicht einfach ins Dasein, um es dann sich selbst zu überlassen. Nein, WIR geben dir Auskunft über den Anfang, die Schöpfung, und auch über das Ende aller Dinge klären WIR dich auf. Bedenke aber bitte, dass WIR dich als ein Wesen geschaffen haben, welches an Raum und Zeit gebunden ist. Was du im Schöpfungsbericht liest, bewegt sich außerhalb dieser Dimensionen, darum sind die Berichte für dich zum Teil nicht logisch und nicht nachvollziehbar. Den Schöpfungsbericht gaben WIR dir nicht zum Verstehen, sondern zum Staunen. Wenn WIR gewollt hätten, dass du den Schöpfungsvorgang im Detail verstehst, hätten WIR dich mit mehr Verständniskraft ausgestattet. Nun haben WIR dich aber mit einer Verständniskraft begabt, die UNS und UNSERE göttliche Dimension nicht erfassen und verstehen kann. WIR sind nicht unlogisch, WIR übersteigen nur deine Logik und bewegen UNS außerhalb all dessen, was sich in gedanklich logische Schlüsse fassen lässt. ICH biete dir einmal MEINE Logik an: ICH BIN dein Schöpfer. Du bist MEIN Geschöpf. ICH bin größer als du und meine es gut mit dir. Lass dir von MIR zeigen, wie WIR UNS das Menschsein gedacht haben. Und übrigens: Ich rede dabei nicht von grauer Theorie. Dieses Menschsein, wie WIR es UNS erdacht haben, habe ICH persönlich ausprobiert und erprobt. ICH rede aus der Praxis und komme zu dem Schluss: Es funktioniert!

Die Dinge vom Ursprung her zu betrachten kann faszinierend sein. Doch es ist nur eine Herangehensweise. Es gibt noch einen anderen Weg. Betrachte die Auswirkung. DU bist Auswirkung. Die gesamte dich umgebende Schöpfung ist Auswirkung des Schöpfers. Du lebst als Geschöpf in UNSERER Schöpfung und WIR haben dich so geschaffen, dass du durch deine Sinneswahrnehmung UNSERE Schöpfung erleben kannst. Durch das Erleben der Auswirkung der Schöpfung bekommst du ein Gespür für den Ursprung, die Ursache, den Schöpfer, für UNS. WIR sind die Quelle von allem, was ist.

Nebenbei noch die Antwort auf die Frage, warum es dich gibt: DU BIST, weil WIR SIND.

MEINE Einladung an dich ist, die Schöpfung zu betrachten.

Wer Gotteswerk betrachtet, kommt dem Schöpfer nahe. Zum Betrachten ist Zeit erforderlich, denn man betrachtet nicht im Vorübergehen. In Städten sind die Menschen mehr von Menschenwerken als von Gottesschöpfung umgeben. Es ist, als würde man einen Ort erschaffen, von dem man Gott ausschließen möchte.

Vielleicht ist das mit einer der Gründe, warum sich Dekadenz eher im städtischen Umfeld ereignet. Um Gottes Schöpfung betrachten zu können, muss sie mich umgeben. Wer bewusst die Schöpfung betrachtet, kommt dem Schöpfer ganz nahe und erlebt, wie ER BEI ihm ist.

Sinnesorgane

All deine Sinnesorgane sind wahre Wunderwerke, denn sie sind UNSER Werk. Und sie sind UNSER Geschenk an dich. Geschenke sind dazu da, um sie auszupacken und zu genießen. Du schadest dir selbst, wenn du UNSER Geschenk an dich als Selbstverständlichkeit betrachtest. Du beraubst dich selbst der Wertschätzung und dem Genuss des Lebens. LEBEN ist das, was WIR dir gönnen. Leben ist das, was sich ereignet, du machst das Leben nicht. Deine Sinnesorgane geben dir die Fähigkeit, deine Umwelt wahrzunehmen. So kannst du das Leben, welches sich ereignet, erleben.

Einigen Menschen behalten WIR übrigens manche Geschenke vor, um sie an anderer Stelle mehr zu beschenken.

Lass uns einmal UNSERE Geschenke an dich, deine Sinnesorgane, welche dich in eine Wahrnehmungsfähigkeit versetzen, betrachten.

Wie wäre es, wenn du dir einmal für jedes deiner Sinnesorgane jeweils eine Woche Zeit nimmst, um ihm besondere Aufmerksamkeit zu schenken? Wie wäre es, wenn du diese Gabe bewusst mit dem Geber – mit UNS – in Verbindung bringst?

Entscheide selbst, ob du die nachfolgenden vorgeschlagenen Übungen machst oder ob du lieber gleich weiterlesen möchtest. Beide Wege sind richtig.

Sehen

Beginnen wir mit etwas Offensichtlichem, dem Auge und deiner Fähigkeit zu sehen.

Was ihr Menschen bisher unter anderem an erstaunlichen Einsichten über das Auge herausgefunden habt: Die Lichtreize der Umgebung werden von beiden Augen aufgenommen und in Nervenimpulse umgewandelt. Über die Sehnervenbahnen gelangen diese zum Gehirn und werden dort zu einem Bild verarbeitet. ICH bediene MICH einmal eures menschlichen Zeitmaßes. Solltest du die Sehzellen, welche sich in der Netzhaut befinden, zählen wollen, und du zählst pro Sekunde eine Zahl, bräuchtest du mehr als 1.500 Tage. Das Auge ist so sensibel, dass es Millionen von Farben unterscheiden kann. Bis zu 100.000 Mal wird das Auge durch sechs Muskeln am Tag bewegt. Hinzu kommt noch die Aktivität der Augenmuskulatur, welche die Krümmung der Linse verändert und so das Sehen im Nah- und Fernbereich ermöglicht. Ohne deine Augen bewegen zu müssen, kannst du alles wahrnehmen, was sich vor und neben dir abspielt. Ohne deinen Kopf bewegen zu müssen, allein durch die Aktion der Augen, hast du einen Großteil deiner Umgebung im Blick. Ein durchschnittlicher Erwachsener kann bei günstigen Bedingungen fast fünf Kilometer weit schauen.

Die Augen sind aber nicht nur das Einlasstor für Lichtreize. Sie haben auch eine Signalwirkung. An ihnen lassen sich sowohl Gefühle als auch Krankheit ablesen. Die Augen geben Auskunft darüber, ob man jemand attraktiv findet oder ob das Gegenteil der Fall ist.

Die Iris machen 260 Merkmale unverwechselbar, beim Fingerabdruck sind es nur 40 einzigartige Eigenschaften.

Der Mensch vergießt durchschnittlich 4,2 Millionen Tränen, das sind etwa 70 Liter Tränenflüssigkeit. Mit diesem Meer von Tränen wird in der Neuen Welt endgültig Schluss sein.

Das Auge ist aber auch das Sinnesorgan, über welches die Versuchung ein Eingangstor zur Seele findet. Es war das Betrachten der Frucht, welches in Eva die Begierde weckte.

Dein Auge kann leicht getäuscht werden und du siehst Dinge, die nicht da sind. Oder du übersiehst Dinge, die tatsächlich da sind. Und manchmal willst du die Dinge auch einfach nur sehen, wie du sie sehen willst, anstatt sie anzusehen, wie sie sind.

Du bist ein Geschöpf deines Schöpfers und in die Schöpfung hineingestellt. Die dich umgebende Schöpfung existiert auch um deinetwillen.

Nimm dir doch ab heute eine Woche Zeit und genieße deine Fähigkeit zu sehen. Lese erst nach dieser Woche weiter. Gib deinem Sehsinn besondere Aufmerksamkeit, wertschätze ihn und betrachte mit ihm die dich umgebende Schöpfung. Ein paar Ideen: Beachte und betrachte die dich umgebenden Farben und Formen. Welche Farben und welche Formen wirken wie auf dich? Spüre dem doch einmal nach. Lass die majestätische Pracht eines Sonnenaufgangs oder Sonnenuntergangs auf dich wirken. Oder stell dich auf einen Berg oder Hügel und sieh in die Weite. Betrachte einmal einen kleinen krabbelnden Käfer ganz aus der Nähe. Experimentiere mit deiner Sehfähigkeit und stell deinen Blick scharf oder lass ihn mal ins Leere gehen. Achte in der nächsten Woche einmal auf die Menschen, denen du begegnest, und sieh ihnen bewusst in die Augen. Nimm die Augen deiner Mitmenschen als Tor zur Seele wahr und achte darauf, was dir die Augen deines Gegenübers erzählen. Du wirst auch feststellen, wie die Verführung über deine Augen Zugang zu dir findet. Nimm all das wahr. Bring deinen Sehsinn mit deinem Schöpfer in Verbindung. Der Sehsinn ist SEIN Geschenk an dich.

Wer sich bewusst der Schöpfung zuwendet, kommt dem Schöpfer ganz nahe. ICH bin BEI dir.

Hören

Das hochkomplizierte System deines Gehörs ist ein Wunderwerk, denn es ist UNSER Werk.

Wie von einem Trichter werden die Laute deiner Umgebung aufgenommen und über filigrane Knöchel weitergeleitet. Innerhalb deines Ohrs werden die ankommenden Schallwellen um ein Vielfaches verstärkt und an zehntausende Haarsinneszellen weitergeleitet. Hier werden die gehörten Laute in elektrische Impulse umgewandelt und über den Hörnerv an das Gehirn übertragen.

Das Gehör ist einer der genauesten Sinne. Er hilft dir bei der Orientierung. Er ist 24 Stunden am Tag im Einsatz.

Das Auge ist empfänglich für die Versuchung. Das Ohr ist empfänglich für Gottes Worte.

Nimm dir eine Woche Zeit und schenke deinem Gehör besondere Aufmerksamkeit, bevor du weiterliest. Nimm die Geräusche deiner Umwelt bewusst wahr. Ein paar Ideen: Achte auf die Lautstärke der Geräusche. Welche lauten und leisen Geräusche erreichen dein Ohr?

Kannst du trotz lauter Geräusche die leiseren Geräusche heraushören und wahrnehmen? Wie ist die Tonhöhe von Geräuschen? Wie sind die Stimmen deiner Mitmenschen? Wer spricht hoch und wer spricht tief? Was empfindest du als angenehm? Experimentiere mit deinem Gehör und achte mal bewusst auf entferntere und dann auf naheliegende Geräusche. Geh einmal in einen Wald oder auf ein weites Feld und erlebe die Geräuschkulisse. Schließe auch einmal deine Augen, um dich bewusst dem Hören zuzuwenden. Wertschätze das Geschenk des Hörens, welches dein Schöpfer dir gemacht hat.

Wer sich bewusst der Schöpfung zuwendet, kommt dem Schöpfer ganz nahe. ICH bin BEI dir.

Riechen

Die Nase ist das empfindlichste Sinnesorgan. Wenn auch oft unbewusst, so greift sie doch tief in unser Leben ein. Ein paar Geruchseindrücke reichen und du schwelgst in den Düften des Frühlings. Oder das Parfum eines plötzlich sehr interessanten Menschen beflügelt dich auf merkwürdige Weise. Und manche Menschen kannst du gar nicht riechen. Die Nase erkundet alle Aromen dieser Welt. Die Nase weckt Erinnerungen an längst vergangene Kinderzeit oder schöne Urlaubstage und machen sie wieder lebendig.

Millionen Riechzellen befinden sich auf der verhältnismäßig kleinen Fläche der Riechschleimhaut. Diese dienen aber nicht nur dem Vergnügen. Sie nehmen auch feinste Spuren auf und warnen, wenn Gefahr droht. Qualm liegt in der Luft. Die Nase warnt dich frühzeitig. Lebensmittel riechen verdorben. Die Nase warnt vor Vergiftung und du reagierst mit Ekel. Eine Person verbreitet üble Gerüche. Achtung Krankheit, hier droht Ansteckungsgefahr. Augen und Ohren sind in die Weite gerichtet, aber der Tastsinn, der Mund und auch die Nase stellen die letzte Instanz dar, um den Menschen zu schützen. Im Gegensatz zu Lichtreizen und Tönen sind Duftinformationen langlebig und breiten sich über große Entfernungen aus.

Lass dich von den Düften der Schöpfung verzaubern. Wende dich eine Woche lang mit Aufmerksamkeit und Wertschätzung deinem Sinnesorgan des Riechens zu und lies dann erst weiter. Nimm dir Zeit, die Düfte wahrzunehmen und sie auf dich wirken zu lassen. Ein paar Ideen: Schließe deine Augen, wenn du einen Duft ganz bewusst wahrnimmst. Welche Gerüche sind angenehm, welche unangenehm? Welche Erinnerungen werden vielleicht bei dir geweckt? Geh bewusst an einen Ort, der voller Gottesschöpfung ist, und genieße das Riechen.

Wer sich bewusst der Schöpfung zuwendet, kommt dem Schöpfer ganz nahe. ICH bin BEI dir.

Tasten

Auch die Haut ist ein wahres Wunderwerk, denn auch sie ist UNSER Werk.

Deine Haut umgibt deinen ganzen Körper und ist damit das größte Organ. Wie eine schützende Hülle umgibt dich deine Haut, und bei einem durchschnittlich großen Menschen beträgt die gesamte Fläche der Haut fast zwei Quadratmeter. Allein deine Haut bringt es auf ein Gewicht von bis zu 14 Kilogramm. Jeder einzelne Quadratzentimeter deiner Haut beherbergt über 5.000 Sinneszellen. Wenn man das mal auf zwei Quadratmeter hochrechnet ...

Mit deiner Haut fühlst du das, was du in die Hand nimmst. Und mit deiner Haut fühlst du deine Umgebung. Du fühlst die Wärme und die Kälte, du fühlst den Wind und du nimmst mit deiner Haut wahr, wenn es windstill ist. Über deine Haut kann man dir nahekommen. Du fühlst die Berührungen durch andere Menschen, und wenn du diese nicht erlebst, dann fehlt dir auf Dauer etwas. Manche Berührungen gehen dir sprichwörtlich unter die Haut, d. h., du erlebst eine Berührung und es ist, als würde sie direkt in deine Seele fahren.

Lass dich von der Schöpfung berühren. Achte doch einmal eine Woche lang auf alles, was du mit deiner Haut erlebst. Ein paar Ideen: Erlebe und erspüre die Strahlen der Sonne, die Nässe des Regens, das Fahren des Windes und die Berührungen der Menschen. Stell dich bewusst an einen schöpfungsvollen Ort und erspüre und erlebe Schöpfung.

Wer sich bewusst der Schöpfung zuwendet, kommt dem Schöpfer ganz nahe. ICH bin BEI dir.

Schmecken

Ein erwachsener Mensch verfügt über bis zu 5.000 Geschmacksknospen, die jeweils aus etwa 100 Zellen bestehen. Du nimmst mit ihnen die Geschmacksrichtungen süß, sauer, salzig, bitter und umami wahr. So definiert der Mensch seine Wahrnehmung und teilt sie in Kategorien ein, um verstehen zu können. Verstehen ist in Ordnung, solange das Staunen nicht darunter leidet. Wer zu viel verstehen will, der versteht es irgendwann nicht mehr zu staunen. Der Verlust des Staunens führt zum Verlust an Wertschätzung und alles wird normal und als gegeben hingenommen. Die Konsequenz heißt: Ein armes Leben.

Mit deinem Mund und deinem Geschmackssinn kommen wir zu einem höchst interessanten Punkt. Denn bisher bewegten wir uns so ziemlich außerhalb deines Körpers. Erst bei der Nase kam stofflich etwas in dich hinein, Geruchsstoffe. Nun wird es aber handfester. Alles, was die Sinneswahrnehmungen Sehen, Hören Riechen und Tasten wahrnehmen, kann dich nicht satt machen. Es kann dich nur anregen und Lust und Vorfreude wecken. Erst das, was durch deinen Mund in dich eingeht, kann dich sättigen und dir Lebensenergie schenken. Vor diesem Hintergrund ist das Abendmahl eine fantastische Art, die Verinnerlichung einer geistlichen Wahrheit zu verdeutlichen. Diese Wahrheit heißt auf den Punkt gebracht: CHRISTUS IN DIR. Doch dazu später mehr.

Schenke deinem Geschmackssinn eine Woche lang Aufmerksamkeit. Ein paar Ideen: Spüre den Geschmacksrichtungen süß, sauer, salzig, bitter und umami nach. Wenn du etwas verkostest, schließe deine Augen. Ertaste mit deinem Mund die Konsistenz dessen, was du in den Mund nimmst. Erschmecke die Geschmacksrichtungen und lass sie auf dich wirken. Du kannst auch mal in die Natur hinausgehen und überlegen, was du da so essen kannst. Doch Vorsicht, solltest du bei den ein oder anderen Pflanzen unsicher sein.

Schmecke UNERE Schöpfung und erlebe und genieße die Fähigkeit, welche WIR euch geschenkt haben, Speisen zuzubereiten. WIR haben nicht nur dafür gesorgt, dass du funktional

satt werden kannst, um zu überleben. WIR haben dich auch mit der Fähigkeit ausgestattet zu
genießen. Genussfähigkeit ist eine wunderbare
Seite des Menschseins.

Wer sich bewusst der Schöpfung zuwendet,
kommt dem Schöpfer ganz nahe. ICH bin BEI
dir.

Die Seele

Mit deiner Wahrnehmungsfähigkeit kannst du mittels deiner Sinneswahrnehmung – Sehen, Hören, Riechen, Tasten, Schmecken – deine Umwelt erleben und genießen. Dies ereignet sich über deinen Körper durch deine Augen, deine Ohren, deine Nase, deine Haut und deinen Mund. Das Erleben deiner Umwelt löst Gedanken und Gefühle bei dir aus. Hier betreten wir den Bereich deiner Seele. Auf die Aktion deiner Umwelt gibt es eine Reaktion deiner Gefühle. Du bist mit einer reichhaltigen Palette an Gefühlen ausgestaltet, u. a. Freude, Wut, Traurigkeit, Angst und Ekel.

Teilt dir deine körperliche Wahrnehmungsfähigkeit mit, WAS du erlebst, helfen dir deine seelischen Empfingen dabei, WIE dies Erleben einzuordnen ist.

Du empfindest Freude: Alles ist in Ordnung, du musst dich um nichts kümmern, du darfst einfach den angenehmen Zustand genießen.

Du empfindest Wut oder Ärger: Hier stimmt etwas nicht. Dein Ärger gibt dir den freundschaftlichen Hinweis, dass du dich um etwas kümmern musst, um eine Veränderung dieses unangenehmen Zustands herbeizuführen.

Du empfindest Trauer: Du hast einen Verlust erlebt und nun gilt es, diesen durch die Trauer hindurch zu verarbeiten. Denn erst nach der Trauerphase wartet der Zustand des friedvollen Loslassens auf dich. Du findest dich dann in einer neugeordneten Welt wieder, in welcher das Leben ohne den Gegenstand, das Tier oder die Person, die du verloren hast, weitergeht.

Du empfindest Angst: Du musst auf eine Gefahr reagieren und hast hier verschiedene Möglichkeiten. Du kannst angreifen und die Gefahr überwinden. Du kannst flüchten und die Gefahr vermeiden. Du kannst erstarren und die Gefahr aushalten, bis sie vorüber ist. Deine Angstreaktionen laufen instinktiv ab, sodass keine Zeit verloren geht, um einer Gefahr zu begegnen. Mit deinen Gliedmaßen kannst du angreifen oder weglaufen und entsprechend auf die auftretende Gefahr reagieren.

Du empfindest Ekel: Dir wird klar, dass du etwas oder jemand meiden musst, weil dir alles andere nicht guttun würde.

Du siehst, dass WIR dich mit all deinen Gefühlen bestens ausgestattet haben, um in dieser Welt zu leben und zu überleben.

Deine Seele beinhaltet auch die Fähigkeit, mit deinen Gedanken deine Gefühle zu reflektieren. Aus diesen inneren Mechanismen heraus bist du in der Lage, Entscheidungen zu treffen.

Deine Seele beinhaltet auch deinen Willen. Im Grunde willst du immer das, was deinem Überleben dient und dir guttut, weil es bequem und vertraut ist. Und so richten sich deine Entscheidungen nach dem aus, was du willst. Doch muss das so sein? Glaubst du, ICH WOLLTE am Kreuz sterben? Auch ICH war ein normal funktionierender Mensch, der mit einem natürlichen Überlebenswillen ausgestattet war. Von daher: NEIN, ich WOLLTE nicht sterben, ich wollte leben. ABER ICH ENTSCHIED mich für das Leid, um dir zu zeigen, wie wertvoll du für MICH bist.

Nimm dir doch einmal eine Woche Zeit und erlebe bewusst deine Gefühle. Achte auf die Gedanken, welche dich beschäftigen. Erlebe deinen Willen und achte darauf, wie du deine Entscheidungen triffst. Oder wähle, worauf du die folgende Woche achten möchtest.

Noch ein Tipp: Ein Tagebuch kann an dieser Stelle ein hilfreiches Werkzeug sein.

Der Mensch – Körper und Seele

Weißt du, was ICH gerade tue? ICH schwärme von dem genialsten Wesen, welches WIR im gesamten Universum erschaffen haben. Dem Menschen. DICH!

Bisher sprachen wir darüber, dass DU Körper und Seele bist. Du hast keinen Körper und du besitzt keine Seele. Du bist dein Körper und du bist deine Seele. Und es sind nicht zwei unabhängige Teile, sondern ihre Ganzheit macht dich aus.

Sowohl dein Körper wie auch deine Seele haben Bedürfnisse.

Du als Körper hast u. a. das Bedürfnis nach Nahrung, nach Bewegung, nach Ruhe und Schlaf, nach Sauerstoff und Hygiene. Wenn eines dieser Bedürfnisse auf Dauer nicht gestillt wird, stellen sich unangenehme Konsequenzen ein. Einen Mangel an körperlichen Bedürfnissen nimmst du in aller Regel sehr bewusst wahr. Denke nur an das Empfinden eines knurrenden Magens, deinen trockenen Mund oder Müdigkeit und Gereiztheit.

Du als Seele hast auch Bedürfnisse. Wenn hier ein Mangel herrscht, sind die Auswirkungen meist subtiler als bei deinen körperlichen Bedürfnissen. Du als Seele hast u. a. das Bedürfnis nach Bindung, Orientierung und Kontrolle, Lustgewinn und Unlustvermeidung, Selbstwerterhöhung und Selbstwertschutz. Du hast auch das Bedürfnis nach Stimmigkeit, nach einem Lebensgefühl, bei dem dein Glaube an MICH und dein Erleben der Lebenswirklichkeit in Einklang stehen.

Dein Wille richtet sich meist nach deinen Bedürfnissen. Und so richtest du deine Entscheidungen zumeist nach dem aus, was deiner größtmöglichen Bedürfnisbefriedigung dient. Dies sichert dir dein Überleben in dieser Welt.

Achte in der folgenden Woche doch einmal bewusst auf deine Bedürfnisse. Achte auf dich als Körper und erspüre dich. Nimm dich als Seele wahr und erlebe deine Gefühlsregungen, die dich auf einen Mangel hinweisen. Angst ist zum Beispiel ein Mangel an Sicherheit. Hier besteht ein ungestilltes Bedürfnis.

Noch ein Tipp: Auch an dieser Stelle kann ein Tagebuch ein hilfreiches Werkzeug sein.

Mitteilungsfähigkeit

Erinnere dich noch einmal an deine Wahrnehmungsfähigkeit. Mit deinen Sinnesorganen
nimmst du deine Umwelt wahr. Das ist aber
keine Einbahnstraße. In anderer Richtung
kannst du dich nämlich auch deiner Umwelt
mitteilen.

Im Grunde bist du als Körper eine einzige
Mitteilung an deine Umwelt. Dein Dasein ist
UNSERE Mitteilung an die Umwelt, dass WIR
dich dahaben wollen. Du darfst einfach sein.

Und auch du teilst dich durch deinen Körper
deiner Umwelt mit. Durch deine Haltung, die
du als Körper hast, und durch dein Verhalten,
welches sich in deinen Taten zeigt, vermittelst
du deiner Umwelt, wie es dir als Seele geht und
was dich bewegt.

Dein Mund dient nicht nur deinem Geschmackssinn und dazu, dass du Nahrung in
dich hineinlässt. Im Laufe deines Lebens hast
du gelernt, mit deinem Mund klar definierte
Laute zu erzeugen, die sich als Sprache äußern.
So kannst du deiner Umwelt mitteilen, was in

dir vorgeht, was du dir wünschst und nicht wünschst, was du gern beibehalten und was du verändert haben möchtest. Je besser du dich selbst wahrnimmst, umso besser kannst du dich deiner Umwelt mitteilen.

ICH lade dich ein, geh eine Woche täglich mit MIR in MEINER Schöpfung spazieren und teil dich mir mit. Sag MIR, was in deinem Herzen vorgeht. Im Grunde ist das unlogisch, denn natürlich weiß ich schon längst, was in deinem Herzen ist, und ICH kenne dich sogar besser als du selbst. Du musst MIR nicht sagen, was in deinem Herzen vorgeht, um MICH darüber zu informieren. Du musst MIR auch nicht sagen, was in deinem Herzen vorgeht, um MICH zu motivieren, etwas zu tun und zu verändern. Du musst MIR auch nicht erzählen, was in dir vorgeht, damit du über dich selbst Bescheid weißt. Erzähl MIR, was in deinem Herzen vorgeht aus einem einzigen Grund: Damit wir, du und ICH, Herzensbegegnung haben können.

Der menschliche Geist

ICH, Christus, bin der Mensch gewordene Gott, der kam, um für dich zu sterben. So zeige ICH dir zum einen MEINE Liebe. Zum anderen reinigte ICH dich, um dich als Wohnraum für die göttliche Heiligkeit und Herrlichkeit herzurichten.

ICH, Christus, bin der Mensch gewordene Gott, der auferstand, um nun in dir, MEINEM Wohnraum, zu leben.

Rein praktisch wohne ICH in dir durch den Heiligen Geist, der sich als MEIN Stellvertreter faktisch in dir verortet hat.

Als ICH als Mensch auf der Erde lebte, kam ich als Stellvertreter meines Vaters, um BEI den Menschen zu sein. Nachdem ICH in die unsichtbare Welt, in das Jenseits und die Dimension der Ewigkeit zurückkehrte, kam der Heilige Geist als MEIN Stellvertreter, damit ICH nun IN dem Menschen sein kann. Das ist ein göttliches Paradoxon: Ich ging weg, um IN dir zu sein.

WIR haben dich als einen äußeren und einen inneren Menschen geschaffen.

Dein äußerer Mensch ist dein sichtbarer Körper mit seiner Wahrnehmungsfähigkeit, seiner Mitteilungsfähigkeit und seinen Bedürfnissen.

Dein innerer Mensch ist dein unsichtbares Herz.

Dein Herz besteht zum einen aus deiner Seele. Mit ihr haben WIR dir die Fähigkeit verliehen, zu denken, zu fühlen, etwas zu wollen und nicht zu wollen. Aus all dem heraus entsteht deine Entscheidungsfähigkeit. Und auch deine Seele hat Bedürfnisse, welche gestillt werden wollen.

Zum anderen besteht dein Herz aus deinem Geist. Das ist der innerste Kern deines Wesens. Dein Geist kennt nur ein einziges Bedürfnis: Er sehnt sich danach, dass ICH MICH in ihm verorte, Wohnung in dir nehme und in dir lebe. Und solange ICH MICH nicht durch den Heiligen Geist im menschlichen Geist verortet habe, verfehlt der Geist des Menschen seinen schöpfungsgemäßen Zweck.

Seit deiner Geburt als Menschenkind bist du Körper und du bist Seele. Aber erst, wenn ICH in dir wohne und lebe, bist du auch Geist. MEIN Sein in dir macht dich zu einem Gotteskind.

UNSER Herzenswunsch für dich

Durch die Schöpfung kannst du erleben, wie WIR bei dir sind. Auch durch deine Lebensumstände erlebst du UNSER Wirken, indem WIR aktiv in deine Umstände eingreifen. Und vieles von dem, was WIR wirken, bekommst du gar nicht mit. Es ist gut, wenn du in dem Bewusstsein lebst, dass WIR BEI dir sind. Aber unser Herzenswunsch für dich ist, dass du eine Bewusstheit davon entwickelst, dass ICH IN dir bin. Niemand kann dir näherkommen als ICH in dir. Ja, ICH habe mich durch den Heiligen Geist als Stellvertreter für MICH in deinem menschlichen Geist verortet. Als ICH als Mensch auf der Erde lebte, lebte ich genau diese Art der geheimnisvollen Gottesbeziehung. ICH war als Mensch erfüllt vom Heiligen Geist und erlebte so in jedem Moment MEINES menschlichen Daseins Gottesbegegnung. ICH habe diese wunderbare Lebensqualität in der Praxis erprobt und lege sie dir ans Herz. Und so wie du erleben kannst, dass ICH BEI dir bin, kannst du erleben, dass ICH IN dir bin. Die Wahrnehmung MEINER Präsenz in dir kannst du nicht machen, sie ereignet sich durch deinen Glauben. Diese Fähigkeit zu glauben habe ich dir geschenkt. Es ist und bleibt deine Entscheidung, dieses Geschenk auszupacken und anzuwenden.

Seit deiner Wiedergeburt habe ICH Wohnung in dir genommen und lebe in dir. Ob du dir dessen bewusst bist oder nicht, es ist Fakt. ICH BIN in dir. Von hier aus erlebe ICH alles mit, was du erlebst. ICH nehme Anteil an deinen Gefühlen. Von hier aus kann ICH auch Einfluss auf dich ausüben, wenn du es MIR erlaubst und dich meinem Wirken öffnest. So bekommst du Anteil an MIR.

Im Grunde sind WIR BEI jedem Menschen. Aber erst durch deine Wiedergeburt bin ich durch den geheimnisvollen Heiligen Geist auf geheimnisvolle Weise IN dir. Begegnung mit MIR ist darum nicht logisch, sondern eher geheimnisvoll. Und dieses Geheimnis erschließt sich nur demjenigen, der es erlebt. Denn dieses göttliche Geheimnis kann nicht verstanden, sondern nur erlebt werden.

Wie du es erleben kannst? Es ist eine Herzensangelegenheit. Lass die Tatsache, dass ICH in dir lebe, auf dich wirken. Glaube dieser Tatsache und vertraue MIR in dir. Öffne dich der Realität, dass ICH in dir wohne. Und dann beginne, MICH IN dir zu entdecken. Begib dich auf eine Reise zu deinem Herzen und du bist auf dem direktesten Weg zu MIR. In der Begegnung mit MIR kannst du MICH in deinem Herzen hören.

Du als Körper, Seele und Geist bist in einer Vielheit geschaffen, welche in einer Einheit besteht. In deiner Vielheit gibt es viele Stimmen in deinem Leben, die etwas zu sagen haben.

Am lautesten redet der Körper. Der ist sogar in der Lage, akustische Signale von sich zu geben, wie ein Magenknurren. Du als Körper erlebst deine Umwelt und nimmst sie angenehm oder unangenehm wahr. Du schwitzt und es ist dir zu heiß. Du frierst und es ist dir zu kalt. Du wirst schläfrig, weil du von zu wenig Sauerstoff erfüllt bist. Dein Magen knurrt und du hast das Verlangen, etwas zu essen. Wenn die dringliche Stimme des Körpers ertönt, ist die wichtige

Stimme der Seele nicht mehr zu hören. Denn der Körper redet lauter als die Seele. Die Stimmen des Körpers drehen sich um Notwendigkeiten zum Überleben und sie weisen darauf hin, wie man ein für sich akzeptables Wohlbefinden herstellt.

Auch die Seele hat eine Sprache. Sie spricht leiser als der Körper. Wenn die Stimme der Seele ertönt, spricht sie die Bereiche an, die nicht so dringend wie ein körperliches Bedürfnis sind, aber wichtig für ein allgemeines seelisches Wohlbefinden. Hier gibt es die Stimme deiner Gefühle. Denke nur an die Kraft des Ärgers. Die Seele macht darauf aufmerksam, dass man in Aktion treten und sich um die Ursache des Ärgers kümmern muss, um wieder einen friedvollen Zustand herzustellen. Oder denke nur an die Macht der Traurigkeit, die dich übermannt. Deine Traurigkeit macht dir deine Wertschätzung deutlich, welche du für z. B. eine Person hattest. Im Verlust dieser Person wird es dir noch einmal deutlich, wie wertvoll dieser Mensch für dich ist. Ein Verlust will akzeptiert werden und dann wird das Leben in neu geordneter Weise mit dem Verlust weitergehen.

Die Seele beinhaltet auch die Stimme der Gedanken. Mit deinen Gedanken verfolgst du Ziele und schmiedest Pläne, wie du diese erreichen kannst. Permanent bist du am Denken.

Auch die Stimme des Willens wird in der Seele laut. Im Grunde will die Seele alles, was dem Überleben und dem eigenen Wohlbefinden dient. Alles, was dem Überleben und Wohlbefinden entgegensteht, will die Seele nicht. Und allem, was nicht dem Überleben und Wohlbefinden dient, dem aber auch nicht entgegensteht, dem steht die Seele erst einmal neutral gegenüber. Und wenn sich die Seele keine Gedanken mehr um das Überleben machen muss, bleibt es ihr nur noch, sich um das größtmögliche Wohlbefinden zu bemühen. Das kann zu einem bedauernswerten Zustand werden. Denn bei allem äußeren Reichtum wird man zu einem innerlich armen Menschen

Am Ende all dieser Stimmen steht deine Entscheidungsfähigkeit, welche aus allen sich ergebenden Optionen auswählen kann.

Halten wir fest: Dein äußerer Mensch, du als Körper, hat die lauteste Stimme. Dein innerer

Mensch, dein Herz, umfasst Seele und Geist. Die Seele hat auch viele Stimmen, diese sprechen aber meist leiser als der Körper.

Und der Geist?

Nun, dein Geist hat im Grunde überhaupt keine Stimme. Im Gegensatz zum aktiven Körper und der aktiven Seele ist der Geist passiv. Der Geist ist der innerste Kern deines Wesens. Es ist der Ort, den WIR geschaffen haben, damit ICH durch den Heiligen Geist in dir wohnen kann. Der Geist ist der Wohnraum Gottes, es ist der Ort der intimsten Gottesbegegnung. Das Bedürfnis des Geistes ist Gottesbeziehung. Besteht ein Mangel an Gottesbeziehung, dann erlebst du das als Mangel an Lebenssinn, wie attraktiv auch all deine anderen Lebensbereiche aussehen mögen.

Seit der Wiedergeburt besteht die Möglichkeit, dass ICH in den Menschen einziehen kann und so der Mensch MEIN Tempel wird. Und so bekommt der Geist doch eine Stimme, es ist MEINE Stimme. Aber MEINE Stimme ist leise und nur von denen zu hören, welche sich entscheiden, sich auf den Weg zu MIR zu machen, zu MIR, der ICH schon längst da bin in deinem Herzen. Hinter der Stimme des Körpers, hinter den Stimmen der Seele wartet MEINE Stimme, um gehört zu werden. Du musst MICH nicht herbeibitten, denn ICH BIN schon da, ICH BIN in dir. Du darfst dich auf den Weg zu MIR machen, zu MIR, der ICH in dir schon da bin.

In UNSERER Neuen Welt, werde ICH BEI dir sein. Unmittelbar werden wir uns begegnen und du wirst mich mit deinem verwandelten Körper wahrnehmen und erleben. Bis dahin ist es MEIN Herzenswunsch, dass wir uns in deinem Herzen begegnen. Und du kannst MICH in dir mit deinem Glauben wahrnehmen und erleben.

Erlebe MICH in dir

Du als Körper besitzt Sinneswahrnehmungen, welche du willentlich einsetzt. Du kannst die Augen öffnen oder verschließen. Du kannst hinhören oder weghören. Und doch funktioniert der Körper in vielerlei Hinsicht, ohne dass du willentlich darauf Einfluss nehmen kannst. Die Arbeit deines Herzmuskels ereignet sich und pumpt das Leben, das Blut durch deinen Körper. Du machst das nicht, es ereignet sich. Auch deine Atmung ereignet sich und versorgt das Blut mit dem überlebensnotwendigen Sauerstoff. Und so ereignet sich körperliches Leben, welches du mittels deiner Gliedmaßen in willentliche Aktionen umsetzen kannst.

Du als Seele besitzt die Eigenschaft, deine Gedanken willentlich einzusetzen. Und doch ereignet sich auch seelisches Leben, ohne dass du willentlich darauf Einfluss nehmen kannst. Gedanken kommen über dich. Gefühle ereignen sich, ohne dass du ihr Auftreten bestimmen kannst. Auch dein Wille scheint ein merkwürdiges Eigenleben zu besitzen und er tut, was er will. Nur dein Umgang mit all diesen inneren

Prozessen von Gedanken, Gefühlen und Willen untersteht wieder deiner Entscheidungsfähigkeit.

Leben ist etwas, das du nicht MACHST. Leben ist etwas, das sich EREIGNET. Und so ist es auch mit dem geistlichen Leben. Damit sich geistliches Leben ereignen kann, muss Leben erst einmal vorhanden sein. ICH stelle mich vor: ICH BIN das Leben. ICH kam, um dir Leben zu bringen, also MICH SELBST. Solange ICH nicht im Geist eines Menschen wohne, ist dieser Mensch geistlich tot. Tod ist Mangel an Leben. Erst durch die Wiedergeburt, durch welche ICH, das Leben, in den Geist des Menschen einziehe wird der Mensch lebendig. Und nun ereigne ICH MICH in dir. Wie dein Herzschlag, deine Atmung und deine Gefühle sich ereignen, ereigne ICH MICH in dir, ohne dass du es willentlich beeinflussen kannst. Und doch gibt es auch die Dimension, in welcher du dich auf Grund deiner Entscheidung auf einen Weg machen kannst, um MIR in dir zu begegnen. Und es gibt die Dimension, in welcher du dich entscheiden kannst, MIR in dir Freiraum über dein Verhalten zu geben.

ICH kam in diese Welt, um BEI meinen Jüngern zu sein. Und auch heute bin ICH in meiner Allgegenwart BEI ihnen und so auch bei dir. Ich verließ diese Welt, um IN meinen Jüngern zu sein. MEIN und dein Vater sandte den Heiligen Geist in diese Welt, um eine tiefere Beziehungsform zu verwirklichen. Der Heilige Geist kam, damit ICH IN MEINEN Jüngern sein kann. Seit der Wiedergeburt werden aus meinen Nachfolgern keine Jünger mehr, sondern Gotteskinder, Söhne und Töchter MEINES Vaters. Und MEIN Vater ist nun auch dein Vater.

Seit WIR die Beziehungsform wählten, nicht nur BEIM, sondern auch IM Menschen zu sein, haben sich Männer und Frauen auf den Weg gemacht, um dieses göttliche Geheimnis zu entdecken und zu erleben.

ICH kenne deine Antwort zwar schon, aber ICH stelle dir trotzdem die Frage, damit auch du deine Antwort kennen kannst. Möchtest du auch dieses Geheimnis, dass ICH in dir wohne, entdecken und erleben?

Eine tägliche Entscheidung

Wenn du MIR, der ICH in deinem Geist wohne, begegnen willst, um MEINE Stimme zu hören, dann liegt ein interessanter Weg vor dir. Der Weg ist einfach, aber nicht leicht. ICH skizziere dir den Weg mit seinen Herausforderungen. Denke daran: Das Ziel ist es, MIR, der ICH in deinem Geist wohne, zu begegnen.

Das erste Hindernis stellt deine Umwelt dar. Hier erlebst du Ablenkung und Zerstreuung. Deine Umwelt hat eine Dynamik, die dazu führt, dass du dich nach außen hin verlierst, statt dich in dir zu sammeln. Sich in äußeren Dingen zu verlieren ist quasi die Gegenrichtung auf dem Weg zu MIR. Wenn du dich entscheidest, dich auf den Weg zu MIR in dir zu machen, braucht es im Grunde Folgendes: Du und ICH brauchen einen täglichen festen Termin, an welchem wir ungestört Zeit verbringen können. Wir brauchen einen festen gemeinsamen Ort, an dem wir uns wohlfühlen und der frei ist von Ablenkungen.

Das zweite Hindernis, oder besser gesagt: die zweite Herausforderung stellt der Körper dar. ICH werde nicht dafür sorgen, dass du genügend Schlaf bekommst, um mit einem vitalen und agilen Körper und einer wachen Seele präsent sein zu können. ICH werde für dich nicht das Zimmer lüften, damit du genügend Sauerstoff hast. ICH werde auch nicht das Fenster schließen, damit du nicht frierst. ICH werde dich auch nicht füttern, damit kein ablenkendes Magenknurren auftritt. Aber ICH weise dich darauf hin, dass diese Punkte unter anderem nötig sind, damit die Stimme des Körpers verstummt. Bedürfnisstillung lässt den Körper still werden. Und nur in der Stille wirst du MEINE leise Stimme, die ICH in deinem Geist spreche, wahrnehmen können. Nur wenn du dich in Ruhe hinsetzt und die Stimme des Körpers schweigt, wird meine Stimme hervortreten und zur Sprache kommen.

Die zweite Herausforderung stellt die Seele mit ihren Gefühlen, Gedanken und ihrem Willen dar. Wenn du dich hinsetzt, um MIR in der Stille zu begegnen und MEINE Stimme in deinem Geist zu hören, wird Folgendes passieren. Gefühle, die du vorher gar nicht wahrgenommen hast, werden dir zu Bewusstsein kommen. Gedanken werden hervortreten. Deine Tagespläne werden dich beschäftigen. Deine Lebensziele rufen sich in Erinnerung. Und dann tritt auch noch dein Wille auf den Plan und du willst alles Mögliche, nur nicht in der Stille verharren. Still zu werden ist erst einmal nicht überlebenswichtig. Das lässt den Willen der Stille erst einmal neutral – eher noch skeptisch – gegenüberstehen. Dann ist Stille aber auch noch unbequem. Darum will der Wille die Stille nicht. Das ist so und das ist in Ordnung. Das folgt alles den Gesetzmäßigkeiten, die WIR geschaffen haben. Es hilft nicht, hier moralisch zu werden. Lass uns die Tatsachen einfach ansehen, wie sie sind. Und wir sind ja auch noch nicht am Ende angekommen. Denn nun kommt deine entscheidende Fähigkeit zum Tragen, nämlich deine Entscheidungsfähigkeit selbst. Deine Entscheidung, MIR zu begegnen, beginnt schon vor der Stille. Du entscheidest dich für eine Zeit und einen Ort der Begegnung. Du entscheidest dich, dich als Körper auf diese Begegnung vorzubereiten auf eine Weise, dass der Körper mit seinen natürlichen Bedürfnissen keine Ablenkung darstellt. Nun, in der Stille wirst du als Seele deine Entscheidung, MIR zu begegnen, erneut treffen müssen. Du entscheidest, ob du dich von deinen Gefühlen fortreiten lässt. Du entscheidest, ob du dich von deinen Gedanken wegziehen lässt und deinen Plänen und Zielen nachgehst, oder ob du auf dem Weg zu MIR in dir bleibst. Wie du deine Gedanken bei dir behältst, verrate ICH dir etwas später. Und du entscheidest, ob du deinem Willen folgst und die Stille beendest. Es ist deine Entscheidung, ob du all die Befindlichkeiten, die dir in der Stille begegnen, aushältst oder nicht. ICH sage dir: Du kannst sie aushalten. Alles, was sich an Gedanken und Gefühlen ereignet, darf sich ereignen. Versuche nicht, ein Gefühl, das hochkommt, nicht zu fühlen. Versuche auch nicht, einen Gedanken, der kommt, nicht zu denken. Lass deine Gedanken und Gefühle hochkommen, wie sie nun einmal hochkommen. Halte sie nicht fest. Sie gehen auch wieder. Und wenn sich dein Wille meldet, dass er nicht weiter in der Stille verharren will, weil es sinnloserweise nicht dem Überleben dient und obendrein auch noch unbequem ist, lass ihn das wollen. Denn nicht dein Wille bestimmt an dieser Stelle dein Verhalten, sondern deine Entscheidung. Und du entscheidest dich, in der Stille sitzen zu bleiben. Damit bleibst du auf dem direkten Weg zu deinem Geist und MEINER Wohnung in dir. Du bleibst auf dem direkten Weg zu MIR selbst. Und dieser Weg zu MIR ereignet sich im Nichtstun. Du darfst einfach sein, einfach da sein. Du bist, weil ICH BIN. Du brauchst nichts zu TUN, einfach nur SEIN.

Dieser Weg ist einfach, aber er ist nicht leicht. Beziehung ist kein Selbstläufer, sie bedarf beider Seiten. Von MEINER Seite lebe und wohne ICH in dir. Von deiner Seite aus darfst du dich auf den Weg zu MIR in dir machen, zu MIR, der ich bereits längst auf dich warte. ICH freue mich auf dich und die Begegnung mit dir.

ICH in dir – du in MIR

ICH lade dich ein: Stelle einen Zustand her, in welchem du die Herausforderungen der Ablenkung durch dein Umfeld, den Körper und die Seele überwinden kannst. Wie ernsthaft du dich darum bemühst, zeigt dir, wie ernsthaft dir die Begegnung mit MIR wirklich und wahrhaftig ist. Begegnung mit MIR ereignet sich nicht im Vorübergehen zwischen Tür und Angel. Beziehung zu leben und zu pflegen kostet Zeit und Aufwand. Den Wert einer Beziehung erkennst du nur daran, wie viel du bereit bist zu investieren. Daran erkennst du deine Ernsthaftigkeit. ICH will JEDEM begegnen. Aber ICH werde nur demjenigen begegnen, der ernsthaft an einer Begegnung mit MIR interessiert ist.

Im Grunde schlagen zwei Herzen in deiner Brust. Du entscheidest, welchem Herzschlag du in dir Raum gibst. Zum einen ist dort dein ICH, welches selbstbezogen nur das tut, was es will. Und zum anderen bin dort ICH in dir. Wem erlaubst du, HERR in deinem Leben zu sein? Welchem ICH erlaubst du, die treibende Kraft deines Lebens zu sein? Welches ICH darf dich bewegen?

Es liegt in deiner Entscheidung, ob du dich auf den Weg zu MIR in dir machst. Am Ende des Weges wirst du feststellen, dass ICH schon längst da bin und auf dich gewartet habe.

Setz dich hin und werde still. Genieße die Stille. Ja, sie ist dir fremd. Du bist das Getriebensein des Alltags gewohnt. Stille wird zu einem bedrohlichen Orkan. In die Stille einzutreten ist, als würdest du aus dem Boot auf das Wasser treten. Wird das Wasser dich tragen? Es ist die Stille, die dich trägt. Es sind nicht die hektischen Flügelschläge eines Kolibris, sondern die ruhig und majestätisch ausgebreiteten Adlerflügel, welche dich zu MIR tragen. Schließe die Augen deines Körpers, um die Augen deiner Seele zu öffnen. Um dich zu sammeln, nimm deinen Atem wahr. Lass deinen Atem geschehen, lass ihn sich ereignen. Du atmest ganz von selbst. Du atmest aus und ganz von selbst atmest du wieder ein. Nun verbinde deinen Atem mit den zwei machtvollsten Wahrheiten, welche dich mit MIR verbinden.

Sprich leise beim Ausatmen: Ich in DIR.

Und beim Einatmen: DU in mir.

Dass du in MIR bist, bedeutet, dass du in MIR lebst, dass du ein wiedergeborenes Gotteskind und ein Himmelsbürger bist. ICH BIN wie die Luft, die dich umgibt. ICH BIN das Reich Gottes. ICH BIN BEI dir.

Dass ICH IN dir bin, bedeutet, dass ICH die HERRSCHAFT über dein Tun ausleben möchte. ICH BIN wie die Luft, die du einatmest. ICH BIN IN dir.

Atme diese Wahrheiten und lass geschehen, was ICH geschehen lasse. Lass deine Erwartungen los und lass dich auf MICH ein.

Die höchstmögliche Form an Lebensqualität

WIR sind der Ursprung des Menschseins. WIR haben es kreiert. Menschsein ist die genialste Idee, welche UNSEREM Schöpferherzen entsprungen ist. UNSER Herzenswunsch war es von Anfang an, BEI den Menschen zu sein und unmittelbar mit ihnen in Beziehung zu leben. Diesen Herzenswunsch werden WIR in Ewigkeit nicht aufgeben. In UNSERER Neuen Welt, mit Neuen Himmeln und einer Neuen Erde werden WIR eine gemeinsame Heimat im Neuen Jerusalem haben. Von dort aus werden WIR mit allen, die sich entscheiden dabei zu sein, die Neue Schöpfung erforschen.

Bis du und ICH uns sichtbar, akustisch, riechbar und fühlbar begegnen und du die Gemeinschaft mit MIR sprichwörtlich verkosten kannst, besteht die höchstmögliche Beziehungsform darin, MIR in dir zu begegnen. Das ist die höchstmögliche Form an Lebensqualität, welche WIR als Schöpfer dir UNSEREM Geschöpf zugedacht haben. Mehr werden WIR dir nicht geben und weniger brauchst du niemals zu haben. ICH selbst habe als Mensch diese Lebensqualität erlebt und lege sie dir ans Herz.

Lebe die Begegnung mit MIR in der Stille. Gib MIR in dir in der Stille Raum, ohne etwas zu erzwingen und ohne dass du etwas leisten musst. Wenn wir diese Begegnung in der Zweisamkeit pflegen, wird sich diese Haltung in deinem Alltag fortsetzen und ich werde zunehmend Einfluss auf dein Verhalten ausüben. Ich werde tatsächlich deine Gedanken, deine Gefühle und deinen Willen beeinflussen, aber die Entscheidungen weiterhin dir überlassen. Das ist Ausdruck UNSERER Wertschätzung.

Folge MIR nach und mach dich auf den Weg zu MIR in dir. ICH warte und freue MICH auf dich!

MEINE Einladung an dich

ICH lade dich ein, mit MIR ins Gespräch über unsere Stille Zeit zu kommen. Lass den Autor seines Weges ziehen. ICH habe ihn über 40 Jahre lang vorbereitet, um dieses Buch durch ihn zu schreiben. Wie ein Beziehungsvermittler steht der Autor zwischen dir und MIR. Lass uns eine unmittelbare Beziehung leben, in welcher kein Vermittler vonnöten ist. Lass uns gemeinsam überlegen, wie unsere Zweisamkeit gestaltet werden kann. Überlege mit MIR, welche Zeit und welcher Ort für uns beide gut sind. Lass uns gemeinsam überlegen, wie ein schön gestalteter Begegnungsort aussehen kann. All diese Dinge schreibe ICH dir nicht vor. ICH gebe dir keine toten religiösen Regeln, ICH möchte, dass du all das in einer lebendigen Beziehung mit MIR gemeinsam entdeckst. Das gemeinsame Entdecken wollten WIR schon mit Adam und Eva erleben. Du weißt, wie das ausging.

ICH habe dich durch dieses Buch geistliche Wahrheiten und grundsätzliche Prinzipien gelehrt. Lass uns darauf aufbauen. Lass uns beide auf eine gemeinsame Suche gehen und eine schöne Form der Zweisamkeit entdecken. Sprich MIR gegenüber aus, was dein Herz bewegt, und lass MEINE Gedanken auf dich wirken und MEIN Handeln an und in dir geschehen. So wirst du zunehmend von MIR erfüllt und erlebst eine erfüllte Beziehung mit MIR.